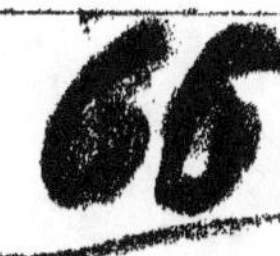

TABLEAUX

ET

AQUARELLES

PAR

Henry DUPRAY

Mᵉ LÉON TUAL, Commissaire-priseur.

M. BERNHEIM Jeune, Expert

CATALOGUE

DE

TABLEAUX

ET AQUARELLES

PAR

DONT LA VENTE AURA LIEU

HOTEL DROUOT, SALLE Nº 1

Le Vendredi 8 Mai 1885

A 3 HEURES PRÉCISES

Par le Ministère de   commissaire-priseur.

39, rue de la Victoire, 39

Assisté de   expert

8, rue Laffitte, 8.

EXPOSITION PUBLIQUE

Le Jeudi 7 Mai 1885, de 1 heure 1/2 à 5 heures 1/2

EXPOSITION PARTICULIÈRE

Les Lundi 4, Mardi 5 et Mercredi 6 Mai 1885

DE 10 HEURES DU MATIN A 6 HEURES DU SOIR

Ce Catalogue se distribue à Paris :

Chez **Me LÉON TUAL**, commissaire-priseur,

39, rue de la Victoire, 39

Chez **M. BERNHEIM jeune**, expert,

8, rue Laffitte, 8.

CONDITIONS DE LA VENTE

Elle sera faite au comptant.

Les adjudicataires payeront *cinq pour cent* en sus des enchères.

Paris. — Imp. de l'Art, E. Ménard et J. Augry
41, rue de la Victoire.

DÉSIGNATION

——

TABLEAUX

——

1 — *Avant la revue à Longchamp.*

Toile. Haut., 46 cent.; larg., 65 cent.

2 — *Attendant l'ordre de charger.*

Armée de Metz, 1870, 2ᵉ brigade de la garde.

Bois. Haut., 41 cent.; larg., 31 cent. 1/2.

3 — *L'Inspecteur de la garde de Paris.*

Bois. Haut., 35 cent.; larg., 45 cent. 1/2.

4 — *En tirailleurs.*

Souvenir des manœuvres d'automne.

Bois. Haut., 24 cent.; larg., 32 cent. 1/2.

5 — *Officier de carabiniers, 1840.*

Bois. Haut., 35 cent.; larg., 26 cent.

6 — *Une Revue en province, le 14 juillet.*

Bois. Haut., 32 cent.; larg., 41 cent.

7 — *Lanciers éclaireurs.*

Armée de Chalons, 1870.

Bois. Haut., 32 cent. 1/2; larg.. 24 cent.

8 — *Exercice de service en campagne.*

Toile. Haut., 61 cent.; larg.. 50 cent.

9 — *Le Départ pour la correspondance.*

Gendarmerie départementale.

Toile. Haut., 55 cent.; larg., 38 cent.

10 — *Maréchal des logis du 3e hussards, 1850.*

Bois. Haut., 35 cent.; larg., 27 cent.

11 — *Dragons de la garde pendant l'action.*

Armée de Metz, 1870.

Bois. Haut., 32 cent.; larg., 24 cent.

12 — *Un Arbitre.*

Souvenir des grandes manœuvres d'automne.

Bois. Haut., 46 cent.; larg., 37 cent. 1/2.

13 — *Revue au Bois de Boulogne.*

Bois. Haut., 37 cent.; larg., 45 cent.

14. — *Les Officiers étrangers et leur cicerone.*

Souvenir des grandes manœuvres.

Bois. Haut., 38 cent.; larg., 46 cent.

15 — *Avant-garde de cuirassiers de la garde;
second empire.*

Bois. Haut., 34 cent.; larg., 26 cent. 1/4.

16 — *Officier d'état-major, aide de camp du
gouverneur.*

Souvenir du siège de Paris, 1870-71.

Toile. Haut., 46 cent. 1/4; larg., 38 cent.

17 — *Général de cavalerie rejoignant sa brigade.*

Souvenir des grandes manœuvres.

Toile. Haut., 46 cent.; larg., 37 cent. 1/2.

18 — *A la cantine; le mandat-poste.*

Bois. Haut., 27 cent.; larg., 35 cent.

19 — *Promenade du matin dans l'allée des Po-*
teaux.

Bois. Haut., 41 cent ; larg.. 32 cent.

20 — *Le Retour du peloton des courses, avenue*
du Bois de Boulogne.

Bois. Haut., 29 cent.; larg.. 37 cent.

21 — *Mise en batterie.*

Armée de la Loire, 1870.

Bois. Haut., 32 cent.; larg.. 46 cent.

22 — *17ᵉ de Cavalerie, 1792.*

Ci-devant Royal-Lorraine.

Bois. Haut.. 32 cent.; larg.. 24 cent.

23 — *Le Général de brigade et son escorte.*

Armée de la Loire, 1870.

Bois. Haut., 26 cent. 1/2 ; larg., 35 cent.

24 — *Vedette de hussards, 1812.*

> Bois. Haut., 32 cent.; larg., 24 cent.

25 — *Marins en sentinelle.*

Souvenir du siège de Paris.

> Bois. Haut., 35 cent.; larg., 27 cent.

26 — *L'École des tambours aux fortifications.*

> Bois. Haut., 37 cent. 1/2 : larg., 46 cent.

27 — *Général prenant le commandement de sa division.*

Souvenir des grandes manœuvres.

> Bois. Haut., 22 cent.; larg., 27 cent.

28 — *Manœuvre de tirailleurs.*

Grosse cavalerie sans cuirasse, 1880.

> Bois. Haut., 26 cent. 1/2 ; larg., 34 cent.

29 — *Colonne de route, 8ᵉ hussards, 1845.*

Bois. Haut.. 38 cent.; larg., 46 cent.

3o — *Le Retour.*

Souvenir des grandes manœuvres.

Bois. Haut. 22 cent.; larg.. 27 cent.

31 — *2ᵉ Dragons de la garde.*

Armée anglaise.

Toile. Haut., 41 cent.; larg., 32 cent.

32 — *Désarçonné. « Vous êtes-vous fait mal? »*

Toile. Haut., 38 cent.; larg., 46 cent.

33 — *La Poursuite.*

Bois. Haut , 27 cent.; larg.. 35 cent.

34 — *La Garde du parc.*

Bois. Haut., 33 cent.; larg., 23 cent. 1/2.

35 — *L'Arrivée de l'étendard.*

Bois., Haut., 27 cent.; larg., 35 cent.

36 — *Après la revue.*

Bois. Haut.. 26 cent.; larg., 34 cent. 1/2.

37 — *De garde un dimanche.*

Bois. Haut.. 32 cent. 1/2; larg., 23 cent. 1/2.

38 — *Le Café des officiers.*

Bois. Haut.. 27 cent.; larg., 35 cent.

39 — *Les Dragons de la garde royale, 1825.*

Toile. Haut., 56 cent.; larg., 45 cent.

40 — *Le Général directeur.*

Souvenir des grandes manœuvres d'automne.

Toile. Haut., 55 cent.; larg.. 73 cent.

AQUARELLES

41 — *Lancier de la garde.*

42 — *Un Chasseur à cheval.*

43 — *Un Cuirassier.*

44 — *Un Garde de Paris.*